# प्रेम की पगडंडियाँ और मफ़पेप

## ख़्वाब से हक़ीक़त तक का सफर

Manisha Soni 'Manu'

BookLeaf Publishing
India | USA | UK

Made with ❤ on the BookLeaf Publishing Platform
www.bookleafpub.in
www.bookleafpub.com

# Dedication

मेरे इस काव्य संग्रह को मैं अपने 'घर', परिवार और प्रियजनों को समर्पित करती हूँ, जिनके बिना यह संभव नहीं था। उनके प्रेम, समर्थन और प्रेरणा ने मुझे इस पुस्तक को पूरा करने की शक्ति दी। मैं उनकी आभारी हूँ कि उन्होंने मेरे सपनों को पूरा करने में मेरा साथ दिया।

मैं अपने माता-पिता का विशेष आभार व्यक्त करती हूँ, जिन्होंने मुझे बचपन से ही कविता और साहित्य के प्रति प्रेरित किया। उनके स्नेह और आशीर्वाद ने मुझे इस पुस्तक को लिखने की प्रेरणा दी। मैं अपने मित्रों का भी आभार व्यक्त करती हूँ, जिन्होंने मुझे इस पुस्तक को पूरा करने में समर्थन दिया और मेरे साथ खड़े रहे।

मेरे प्रियजन, जिन्होंने मेरे जीवन को अर्थ दिया, मेरी कविताओं को नई दिशा दी, और मुझे यह पुस्तक लिखने का प्रोत्साहन दिया, यह पुस्तक उनके प्यार और समर्थन के प्रति समर्पित है। यह पुस्तक मेरे साथ-साथ मेरे प्रियजन का सपना था, जो अब साकार हो गया है। और मैं यही नहीं रुकने वाली, क्योंकि मुझे सफलता की सबसे ऊँची चोटी पर पहुँचना है। उम्मीद है की मैं उन्हे आगे भी गौरवान्वित महसूस कराती रहूंगी।

# Preface

"अंत में कहानी तो सभी बन जाते हैं, पर मुझे कविता बनना है। ऐसी कविता जो भुलाइ नहीं दोहराई जाए।" - मनीषा सोनी 'मनु'

कविता मेरे लिए एक भावनात्मक अभिव्यक्ति का माध्यम है, जो मेरे जीवन के अनुभवों और भावनाओं को शब्दों में पिरोती है। इस पुस्तक में मैंने अपने जीवन के विभिन्न पहलुओं को कविताओं के रूप में प्रस्तुत किया है, जो पाठकों को जीवन की गहराइयों से जोड़ने का प्रयास करती हैं। अपनी इस पुस्तक में, मैंने अपने दिल की गहराइयों से शब्द निकाले हैं जो आपके दिल को छूएंगे और आपके जीवन को प्रेरित करेंगे। यह पुस्तक मेरी आत्मा की आवाज़ है, मेरे सपनों का प्रतिबिंब है, और मेरे अनुभवों का निचोड़ है। मुझे उम्मीद है कि पाठकों को इन कविताओं में अपनी भावनाएं भी दिखाई देंगी और वे जीवन तथा प्रेम के प्रति एक नई दृष्टि प्राप्त करेंगे। मैं आशा करता हूँ कि ये कविताएँ, पाठकों के जीवन में खुशी और सकारात्मकता लाएंगी, और उनको जीवन के हर पहलू में प्रेरित करेंगी।

# Acknowledgements

मैं अपने प्रकाशक और संपादक का आभार व्यक्त करती हूँ, जिन्होंने इस पुस्तक को प्रकाशित करने में मदद की और इसे आकार देने में महत्वपूर्ण भूमिका निभाई। उनकी विशेषज्ञता और समर्थन ने मुझे इस पुस्तक को पूरा करने में आत्मविश्वास दिया।
मैं अपने परिवार के सदस्यों का भी आभार व्यक्त करती हूँ, जिन्होंने मुझे इस पुस्तक को लिखने के लिए प्रेरित किया और मेरे साथ खड़े रहे। मैं अपने मित्रों और सहयोगियों का भी आभार व्यक्त करती हूँ, जिन्होंने मुझे इस पुस्तक को लिखने के दौरान समर्थन और प्रेरणा दी। उनकी दोस्ती और सहयोग ने मुझे इस पुस्तक को पूरा करने में मदद की।
अंत में, मैं अपने पाठकों का आभार व्यक्त करती हूँ, जो मेरी कविताओं को पढ़ेंगे और उन्हें अपनी भावनाओं से जोड़ेंगे। उनकी प्रतिक्रिया और समर्थन मुझे आगे भी लिखने के लिए प्रेरित करेंगे।

# 1. प्यार हर जगह है

प्यार हर जगह है
पर तेरी आँखों जितना कहीं नहीं
वो तेरा मुझे देखना
और मेरी पलकों का झुक जाना

प्यार हर जगह है
पर मेरे स्पर्श जितना कहीं नहीं
वो मेरा हाथ थामना
और तेरी धड़कनों का बढ़ जाना

प्यार हर जगह है
पर तेरी बाँहों जितना कहीं नहीं
वो तेरा माथे को चूमना
और मेरा तुझमे सिमट जाना

प्यार हर जगह है
पर उस आइने जितना कहीं नहीं
वो मेरा बालों को सँवारना
और तेरा मुझे एक टक निहारना

प्यार हर जगह है
पर हमारे कमरे जितना कहीं नहीं
वो मेरा आना
और तेरा रोम-रोम खिल जाना

प्यार हर जगह है
पर मेरे मन जितना कहीं नहीं
वो मेरा तुझे देखना
और तेरा आँखों से मन मे उतर जाना

प्यार हर जगह है
पर हमारी अधरों जितना कहीं नहीं
वो उनका मिलना
और हमारा हर ग़म बिसर जाना

दर्द हर जगह है
पर तेरे जाने जैसा कहीं नहीं
वो तेरा मुँह मोड़ना
और मेरा टूट के बिखर जाना

प्यार हर जगह है

# 2. उनका इम्तिहान

तो आज हम फिर से आ बैठे उनके पास
इरादा था कि आज लेंगे उनका इम्तिहान
सोच रखे थे हमने कुछ पेचीदा से सवाल
आज तो जनाब का दिल हम लेंगे खंगाल

तो शुरू हुआ हमारे सवालों का सिलसिला कुछ यूँ
हमने पूछा "आख़िर क्या भर रखा है आपने, यादों की संदूक में अपनी, क्या कुछ सम्भाल रखा है आपने हमारा, छुपा कर हमसे?"

उन्होंने कहा,
"तुम्हारे माथे की शिकन, तुम्हारी नाक पर बैठा ग़ुस्सा, तुम्हारे आँखों की चमक, तुम्हारे पलकों की नमी, तुम्हारे गालों की लाली है, तुम्हारे अधरों की हँसी, तुम्हारे मुख की बोली, तुम्हारी आवाज़ की खनक, तुम्हारे कन्धों का बोझ, तुम्हारे मन की उदासी, तुम्हारी सिसक और मौन, तुम्हारी बाँहों की नर्मी, तुम्हारी गोद का सूकून, तुम्हारे हाथों की छुअन, तुम्हारे पैरों के निशान, और तुम्हारे होने का एहसास।

जिन्हे महसूस करने के लिए सम्भाल रखे हैं मैंनें बिस्तर की सिलवटों से चुने तुम्हारे कुछ टूटे बाल।

बस मेरे हिस्से में इतना हीं हिस्सा रहा तुम्हारा, और ज़िन्दगी की किताब में इतना हीं किस्सा रहा तुम्हारा।"

# 3. मैं चाहती हूँ तुम्हे

मैं चाहती हूँ तुम्हें
जैसे बारीश चाहती है बरसना, जैसे सूरज चाहता है चमकना...
मैं चाहती हूँ तुम्हें
तुम्हारी आँखें, तुम्हारे होंठ, तुम्हारी बाहें जो मुझे बुलाती है

मैं चाहती हूँ तुम्हें वैसे
जैसे लहरें चाहतीं हैं किनारों को, हर बार मिलने की कोशिश में उनकी
ओर दौड़ती हुइ...

मैं चाहती हूँ तुम्हें वैसे
जैसे बूँद चाहती है मिट्टी को, हर बार मिलने की कोशिश में बादलों से
गिरती पड़ती हुइ...

मैं चाहती हूँ तुम्हें
तुम्हारी बातें, तुम्हारी यादें, तुम्हारे सपने जो मुझे जगाते हैं

मैं चाहती हूँ तुम्हें वैसे
जैसे शब्द लिखे, पढे, व सुने जाना चाहते हैं

मैं चाहती हूँ तुम्हें

ग़ज़लों की तरह बेबाक़ी से, नज़्मों की तरह सुर में,
कभी कविताओं की तरह संक्षिप्त तो कभी कहानियों की तरह
विस्तार से...
मैं चाहती हूँ तुम्हें
हाँ, मैं चाहती हूँ तुम्हें

# 4. तुम दिल के राज़ मत बताना

वो कहेंगे तुम्हे
तुम्हारा दुःख मेरा है, बाँटो मुझसे
पर तुम उनके कहे में मत आना
सुनो तुम दिल के राज़ मत बताना

चाहे जितने चोटिल हो तुम
चाहे जिस्म से रूह तक बिखर जाओ
पर उनको अपने ज़ख़्म मत दिखाना
सुनो तुम दिल के राज़ मत बताना

दर्द तुम्हारा सिर्फ़ तुम्हारा है
मरहम भी तुम खुद बन जाना
उनके दवा की, दुआ की तुम आस मत लगाना
सुनो तुम दिल के राज़ मत बताना

सोच लेना हज़ार दफ़ा
बोलने से पहले एक भी बात
जो बातें हो ज़हर सी वो ना उनको पिलाना
सुनो तुम दिल के राज़ मत बताना

जिम्मेदारियाँ बहुत होंगी
कंधे पर उनके पहले हीं
तुम उनके कंधे का बोझ मत बन जाना
सुनो तुम दिल के राज़ मत बताना

अगर चाहते हो खुशी उनकी
अगर चाहते हो ख़ुद खुश रहना
तो हँसी का नक़ाब चेहरे पर सजाना
सुनो तुम दिल के राज़ मत बताना

वो छोड़ जायेंगें तुम्हे
ख़ुद टूटकर तोड़ जायेंगें तुम्हे
इसीलिए होंठों पर तुम चुप्पी ही बनाना
सुनो तुम दिल के राज़ मत बताना

रो लेना जी भर के रातों को
जो कहानियाँ जानते हैं तकिये तुम्हारे
लोगों को भूल से भी मत सुनाना
सुनो तुम दिल के राज़ मत बताना
सुनो तुम दिल के राज़ मत बताना

# 5. जाना

जब भी तुमसे मिल के आता हूँ
तुम्हारी खुशबू साथ ले आता हूँ
आँखों में तुम्हारी जब मैं झांकता हूँ
चेहरा अपना हीं बसा पाता हूँ
जाना, मैं खुश हो जाता हूँ

मन में जब भी संदेह लाता हूँ
अपनी आँखे मीच लेता हूँ
बंद आँखों से भी जब मैं तुम्हे
सिर्फ तुम्हे देख पाता हूँ
जाना, मैं खुश हो जाता हूँ

जब बाँहों में सिमट कर
तुम्हारी गोद में सो जाता हूँ
और घर जैसा हीं सुकून
उनमे भी पा जाता हूँ
तो जाना, मैं खुश हो जाता हूँ
बहुत खुश हो जाता हूँ

# 6. कभी भूलना मत तुम

कभी भूलना मत तुम
इन ख़ामोश रातों को
जो कभी इतनी ख़ामोश न होती
अगर तुम कुछ कह जाते

कभी भूलना मत तुम
उन बेज़ुबान जज़्बातों को
जो कभी अपनी आवाज़ न खोती
अगर तुम ज़रा सुन जाते

कभी भूलना मत तुम
उन ग़मज़दा नम आँखों को
जो कभी अपनी चमक न खोती
अगर तुम आँसू पोंछ जाते

कभी भूलना मत तुम

मुझे दोष न देना
अगर कभी किसी फ़र्ज़ से चूक जाऊँ
बस याद कर लेना इमानदारी से

वो पल जब तुम भी चूके थे
निभाने से वो वादे
जो तुमने हीं किये थे

कभी भूलना मत तुम

ना तुम भूलना ग़लतियां अपनी
ना तो दोष मैं अपने छुपाऊंगी
कुछ कसमे तुम भी निभा लेना
कुछ कसमे मैं भी निभाऊंगी
कभी भूलना मत तुम
उन टूटी कसमों को
जो बेशक पूरे हो जाते
अगर हमदोनों ज़रा साथ दे जाते

ख़ैर...
कभी भूलना मत तुम
बस कभी भूलना मत तुम

# 7. झूठी मुस्कान

क्या कभी मेरी अनकही बातें तुम समझ पाओगे?
या हर बार की तरह मेरी झूठी मुस्कान से धोखा खा जाओगे?

दर्द कितना मैं अपने मन में छिपाए बैठी हूँ
गर आँखों से ना छलकाऊँ तो भी भांप जाओगे?
या हर बार की तरह मेरी झूठी मुस्कान से धोखा खा जाओगे?

नाराज़गी तुम्हारी चुभती है दिल को कितनी
गर जख्म न भी दिखाऊँ तो वो चुभन महसूस कर पाओगे?
या हर बार की तरह मेरी झूठी मुस्कान से धोखा खा जाओगे?

कुछ दिन हुए थामे हाथ तुम्हारा
कुछ दिन हुए तुम्हे सीने से लगाए
कुछ दिन हुए सोए सुकून से
कुछ दिन हुए हँसे -मुस्कुराए

गोद में तुम्हारी सिर रख
रो लूं मैं मनभर
क्या मेरे छलकते जज़्बातों को समेट पाओगे?
या हर बार की तरह मेरी झूठी मुस्कान से धोखा खा जाओगे?

# ८. वो क्या थी?

वो क्या थी और तुमने क्या बना दिया
कभी बैठना जब इत्मीनान से तो सोचना

वो जो चंचल थी नदियों झरनों सी
आज पहाड़ों सी शांत बैठी है

वो जो हर वक्त होंठों पर मुस्कान सजाए रखती थी
आज आँखों में पूरा सागर लिए बैठी है

वो जो बेफ़िक्र बेपरवाह मस्त थी अपनी दुनिया में
आज एक पूरा घर अपने हाथों से सम्भाल बैठी है

वो जो कुछ ना कर के भी सब की जुबान पर चढ़ी रहती थी
आज सब कुछ कर के भी सब की आँखों में चुभी बैठी है

वो क्या थी और तुमने क्या बना दिया
कभी बैठना जब इत्मीनान से तो सोचना

# 9. खो जाऊ

सोचती हूँ  कि कहीं खो जाऊ
देखूँ तो मैं भी
मुझे ढूंढने कौन आता है

टूटकर कतरा-कतरा बिखर जाऊ,
देखूँ तो मैं भी
मुझे समेटने कौन आता है

मैं हीं जोड़ू  तिनका-तिनका, और बुनू  आशियाना
आखिर क्यों हर बार
चुनकर काँटे सारे, महकाउ बगिया रिश्ते की
आखिर क्यों हर बार
झुककर आगे सब के, छलनी करूं स्वाभिमान
आखिर क्यों हर बार
थक जाती हूँ अब मैं भी, हो रही सारी कोशिशें नाकाम
आखिर क्यों हर बार
कोई तो संभाले मुझे भी

इसीलिए, अब आता है खयाल
कि बस कहीं खो जाऊ

देखूँ तो मैं भी
मुझे ढूंढने कौन आता है
टूटकर कतरा-कतरा बिखर जाऊ
देखूँ तो मैं भी
मुझे समेटने कौन आता है

# 10. मृत्यु शैय्या

जब मृत्यु शैय्या पर हम होंगे
प्रतीक्षा में केवल तेरे होंगे
किसी से कुछ कहेंगे नहीं
तेरी वाणी को आकुल होंगे

जब मृत्यु शैय्या पर हम होंगे
प्रतीक्षा में केवल तेरे होंगे

रो रो के लोग पुकारेंगे
निद्रा से हमें उभारेंगे
हम किसी के जगाए जगेंगे नहीं
तेरे हृदय से लगने को आतुर होंगे

जब मृत्यु शैय्या पर हम होंगे
प्रतीक्षा में केवल तेरे होंगे

बाहें मेरी शक्तिहीन होंगी
साँसें भी उष्मा विहीन होंगी
उन शक्तिहीन बाहों से भी हम
तुझे थामने को अधीर होंगे

जब मृत्यु शैय्या पर हम होंगे
प्रतीक्षा में केवल तेरे होंगे

आनन फानन में सब होंगे
अविचल जब सोए हम होंगे
तेरी एक आवाज से प्राण मेरे
सुगम हो देह विहीन होंगे

जब मृत्यु शैय्या पर हम होंगे
प्रतीक्षा में केवल तेरे होंगें

# 11. खुदा ने

दिन रात हम दुआ में
कुछ माँगते थें ख़ुदा से
तुम मिले तो यक़ीन हुआ
दुआ क़ुबूल की ख़ुदा ने

न कोई ख्वाइश
न आरज़ू रही अब बाकी
तुम मिले तो यक़ीन हुआ
ज़िन्दगी मुकम्मल की ख़ुदा ने

इबादत आज भी करते हैं हम
सजदे में अब भी सिर झुकाते हैं
कुछ माँगते नहीं उनसे
बस अदा शुक्रिया कर जातें हैं

ख्वाब के परिन्दों को
आसमां दिया तुमने
तुमसे मिला के हर ख्वाब से
मुखातिब किया ख़ुदा ने

# 12. उठो सिया

उठो सिया
तुम बाण चलाओ, अब राघव नहीं आएंगे।
निशाचरों की इस लंका को, महावीर नहीं जलाएंगे।
उठो सिया
तुम आग लगाओ, अब बजरंग नहीं आएंगे।

सीमा सब की तय करो, न हद पार किसी को करने दो।
रहो तुम भी अपनी हद में, न आक्षेप किसी को करने दो।
उठो सिया
तुम रेखा खींचो, अब लक्ष्मण नहीं आएंगे।

जनकसुता तुम धरती पुत्री, साहस की तुम परिभाषा हो।
कोई पुरुष धनुष को तोड़े, इसकी तुम्हे क्यों अभिलाषा हो।
उठो सिया
इस धनुष को तोड़ो, अब राघव नहीं आएंगे।

जब प्रश्न हो स्वाभिमान का, तुम बात किसी की मत सुनना।
जो विदीर्ण करे सम्मान को, कभी ऐसा प्रेम नहीं चुनना।
उठो सिया
तुम युद्ध करो, अब राघव नहीं आएंगे।

घर-घर लंका जन-जन रावण, कितनों से बच हम पाएंगें।
प्रतिष्ठा रुपी गहने को तो, सब हीं लूटने आएंगें।
उठो सिया
तुम वध करो, अब राघव नहीं आएंगे।
उठो सिया
तुम शस्त्र उठाओ, अब राघव नहीं आएंगे।

# 13. मेरी बिटिया

कभी शब्दों मे नहीं बाँध पाऊँगी मैं
उसके प्रति जज़्बात अपने
कहाँ से शुरू करूँ उसकी बात
जो मुझे पूरा करती है
वो नन्ही सी जान जैसे मेरी पूरी दुनिया है
वो प्यारी सी परी मेरी
जो मुझे मम्मा कहती है

उसकी हँसी प्यारी है मुझे
सबसे ज़्यादा इस दुनिया में
छलकाए एक कतरा भी जो आंसू का
तो सैलाब सा करती है
वो नन्ही सी जान
जो रौशन हर वीरान करती है
वो प्यारी सी परी मेरी
जो मुझे मम्मा कहती है

दिल करता है चुन लूँ ख़ुशियाँ सारी
सजाने को उसके आगे में
आए जो ग़म का तिनका सा भी

तो बिछ जाऊँ उसकी राहों में
वो नन्ही सी जान जो
मेरे हर आंसू को मुस्कान करती है
वो प्यारी सी परी मेरी
जो मुझे मम्मा कहती है

# 14. मेरी माँ

सच कहूँ तो इस जग में
तुमसा सुन्दर कोई नहीं
माँ

ये दुनिया गर्मीयों की धूप सी
उसमें शीतल छाया सी तुम हो
माँ

कभी लहरों सी चंचल तुम
कभी किनारे सी शांत तुम हो
माँ

सूरत से मनभावन तुम
सीरत से पावन तुम हो
माँ

मैं तुम्हारी आँखों का तारा
और मेरे लिए जग सारा तुम हो
माँ

ममता मुझमें तुमसे आइ है
क्षमता देने वाली भी तुम हो
माँ

कहने को तो मैं अंश हूँ तुम्हारा
पर तुम जैसी ना बन पाई मैं
माँ

तुम्हारा आँचल गगन मेरा
तुम्हारी गोद हीं तो धरा मेरी है
माँ

मेरे दुःखों में तुम सुकून सी
मेरी खुशियों का आधार तुम हो
माँ

सच कहती हूँ, इस जग में
तुम जितना सुन्दर कोई नहीं
माँ

# 15. सुनो ना

सुनो ना!
क्यों इतने उदास हो?
क्या कोई नाराज़गी है तुम्हे मुझसे?
या फ़िर ख़ुद से हीं नाराज़ हो?
कहो ना!

अगर ग़म है कोई सताता तुम्हे
तो हर ख़ुशी मेरी मांग लो

अगर फ़िर भी उदासी साथ ना छोड़े
तो सारी हंसी मेरी मांग लो

तुम क़ीमती नहीं अनमोल हो
ये बात मेरी मान लो

जो ख़ुद की नज़र से ना देख सको
तो नज़र मेरी मांग लो

ख़ुशी से ना तुम डरा करो
तुम सारी हिम्मत मेरी मांग लो

मैं हँसते-हँसते सब दे दूं
तुम मुझसे मुझको मांग लो

सुनो ना!
क्यों इतने उदास हो?
क्या कोई नाराज़गी है तुम्हे मुझसे?
या फ़िर ख़ुद से हीं नाराज़ हो?
कहो ना!

# 16. बिना तोल-मोल

तू चाहे कड़वा हीं बोल
पर तू बोल

क्योंकि चुभती तेरी बातें नहीं
ख़ामोशी है

तेरी डाँट तृप्त करती है आत्मा तक को
पर तेरा मौन मुझे बहरा करता है
कयोंकि जानती हूँ मैं
कि जब तू चुप रहता है
तब एक सैलाब तेरे अंदर शोर करता रहता है

कोई एक तो हो ऐसा दुनिया में
जो दिल की सुने बिना तोल मोल

इसीलिए
तू चाहे कड़वा हीं बोल
पर तू बोल

कह देती हूँ मैं तो सब कुछ तुझसे

हर बार हर दफ़ा
ख़ाली कर देती हूँ सारा
दिल में जो रखा था भरा

फ़िर तू क्यों इतना सकुचाता है
गिरह मन के खोल नहीं पाता है
तू क्यों इतना कतराता है
कि मुझसे भी छिपाता है

कोई एक तो हो ऐसा दुनिया में
जो दिल की सुने बिना तोल मोल

इसीलिए
तू चाहे कड़वा हीं बोल
पर तू बोल

# 17. नई शुरुआत

चलो ना एक काम करते हैं
शुरू से हम शुरुआत करते हैं
तुम बन जाओ ना अजनबी फिर से
चलो हम फिर से आँखें चार करते हैं

चलो ना एक काम करते हैं
शुरू से हम शुरुआत करते हैं

तुम फिर से गुज़रो उन्हीं गलियारों से
और मैं रम जाऊं फिर से अपनी किताबों में
तुम हो जाओ बेताब फिर से मेरी एक झलक को
और मैं बन जाऊं अनजान फिर तुम्हारे इरादों से
फिर से मज़ा ले हम उस लुक्का छुप्पी के खेल का

इसलिए कह रही हूँ कि
चलो ना एक काम करते हैं
शुरू से हम शुरुआत करते हैं

जानकर हाल-ए-दिल मेरा तुम बहुत इतराने लगे हो
भूलकर तुम उल्फ़त अपनी अब मुझे ही सताने लगे हो

क्यूँ अब पिघलता नहीं मुझपर मन तुम्हारा
क्यूँ खामख्वाह मुझे इतना रुलाने लगे हो
तुम अनजान ही तो ठीक थे

इसलिए कह रही हूँ कि
चलो ना एक काम करते हैं
शुरू से हम शुरुआत करते हैं
तुम बन जाओ ना अजनबी फिर से
चलो हम फिर से आँखें चार करते हैं

चलो ना एक काम करते हैं
शुरु से हम शुरुआत करते हैं

# 18. मुझे प्यार बस इतना है

तुम कहो तो आज बता दूं
मुझे प्यार कितना है
मेरी न होकर भी तुम मेरी हो
तुम मुस्कुराओ तो मैं भी खिलखिला दूं
मुझे प्यार बस इतना है

किसी स्पर्श की कोई लालसा नहीं
हर साँस में तुम्हारी साँस को महसूस करूं
मुझे प्यार बस इतना है

मेरी अंधेरी रातों की तुम्हीं तो माहताब हो
तुम्हारे साथ का ख़्वाब न सही, पर हर ख़्वाब तुम्हारे देखूं
मुझे प्यार बस इतना है

मेरी जिंदगी का तुम सुकून हो
भले इस बात से तुम्हें रखूं बेख़बर
पर मैं टूट कर तुम्हें चाहूं
मुझे प्यार बस इतना है

तुम्हें पा लेने की चाह नहीं, बहुत सब्र है

तुम देखो मेरी तरफ, और मैं नज़र चुरा लूं
मुझे प्यार बस इतना है

# 19. तुम लौट आओगे

मैंने इंतज़ार से कभी कहा इनकार किया है
पर बस इतना वादा कर दो ना
कि तुम वक्त रहते लौट आओगे

ऐसा तो नहीं है कि ये दूरी मुझे नज़र आती नहीं है
पै मैं ज़रा नज़रअंदाज़ करती हूँ उन बातों को
जो मुझे ज़्यादा भाती नहीं है

पहले तो बंद हुए अफसाने वो आधी रातों वाले
फिर अहले सुबह के पैग़ामों को भी रोक लग गई
मैं आस बाँधती रही इंतज़ार के नाम पर
और धीरे-धीरे ये दूरी हीं बढ़ती गई

मैंने ठीक न रहते हुए भी "ठीक हूँ" कहना तुमसे सीख लिया है
पर इंतज़ार से अभी भी कहाँ इनकार किया है
पर बस इतना वादा कर दो ना
कि तुम वक्त रहते लौट आओगे

# 20. टूटता तारा

ज़िंदगी...
एक सिक्का मान लो
जिसको किसी ने कमाया
किसी ने गवाया
किसी में खोया
किसी से पाया
किसी ने खर्च कर दिया
किसी ने बचाया
किसी ने बिताया
और किसी ने... बस काट लिया जैसे तैसे

तो आखिर इस ज़िंदगी को जिया किसने?

इस ज़िंदगी को जिया उसने
जो टूट गया
किसी की ख्वाहिश पूरी करने को
टूटते तारे की तरह

# 21. जज़्बातों की दरकार

इंसान के हर एक जज़्बात की
एक ही तो दरकार होती है
कि समझने से पहले
उन्हे पूरा सुना जाए
क्योंकि सबसे ज़्यादा शोर वही जज़्बात मचाते हैं
जो अनसुने रह जाते हैं

इसलिए,  बिना सोचे, बिना समझे, बस उन्हें पूरा सुना जाए

वो जज़्बात जो गालों की लाली से बयान हो
उन्हें हथेलियों के स्पर्श से सुना जाए

वो जज़्बात जो माथे की शिकन से बयान हो
उन्हें अधरों के बोसों से सुना जाए

वो जज़्बात जो बिखरी जुल्फों से बयान हो
उन्हें उंगलियों की हरकतों से सुना जाए

वो जज़्बात जो आँखों की नमी से बयान हो
उन्हें धड़कनों की संजीदगी से सुना जाए

वो जज़्बात जो नि:शब्द खामोशियों से बयान हो
उन्हें अनकहे इत्मीनान से सुना जाए

क्योंकि सबसे ज़्यादा शोर वही जज़्बात मचाते हैं
जो अनसुने रह जाते हैं
इसलिए, बिना सोचे, बिना समझे, बस उन्हें पूरा सुना जाए

# 22. बाबा की गुड़िया

पापा आपकी बिटिया आपको पल-पल याद करती है
पापा आपकी गुड़िया आपको हर पल याद करती है

आपकी ऊँगली थामकर मैने पग-पग दुनिया नापी थी
आपकी आँखो से मैने अपने पराए पहचाने थे

चढ़कर कंधो पे आपके ही मै सारे मेले घूमी थी
आप बिन तो जैसे मेरी सारी सृष्टी सूनि थी

सोच-सोच ये बाते अब तो मन में सूई सी चूभती है
पापा आपकी बिटिया आपको पल-पल याद करती है

चेहरा मेरा देखकर सुबह आपकी खिला करती थी
चाय मेरे हाथों की पीकर थकान आपकी मिटा करती थी

वो कच्ची पक्की रोटियाँ मेरी आप चाव से खाया करते थे
मेरे पसंद की वो म्हँगी टौफ़ियाँ आप शौक से लाया करते थे

उन दिनों की छवि आज भी मन में मेरे बसती है
पापा आपकी बिटिया आपको पल-पल याद करती है

मैं नहीं जानती, जो हुआ, वो मेरे कर्म थे या मेरा नसीब था
हाँ, ईतना तो मैं जानती हूँ कि, वो मंज़र बड़ा ग़मगीन था

मेरे हाथो ही मेरे अपनो के सपने चूर हुए
मुझमें थी बसती जान जिनकी वो सारे मुझसे दूर हुए

याद में उनकी आज भी ये मेरी आँखें भींगा करती है
पापा आपकी बिटिया आपको पल-पल याद करती है

पापा आपकी गुड़िया आपको हर पल याद करती है

# 23. माँ की याद

माँ,
तेरा वो आँचल, जिसमे छिपा के मुझको ममता तू लुटाया करती थी
बड़ा याद आता है

माँ
तेरी वो बाहें, जिसमे भरके मुझे मेरे सारे गम तू भूलाया करती थी
बड़ा याद आता है

तेरा खिलखिला कर हँसना, और वो हर बात पर रोना
मुझमे तेरी निशानी सा रह गया
तेरे हाथो का बना वो खाना, और वो मुझे खिलाना
एक भूली कहानी सा रह गया

माँ,
तेरा वो मुझे डाँटना, और फिर दूलार से मनाना
बड़ा याद आता है
मैं जानती हूँ ये पढ के आँखें तेरी भर जाएंगी
रोज से थोडी ज्यादा आज, तुझे मेरी याद आएगी

माँ

वो तेरा वो मुझे मारना और खुद दर्द से बिलख जाना
बड़ा याद आता है
माँ तुझ से जुड़ा सबकुछ मुझे बड़ याद आता है
बड़ा याद आता है

# 24. एक तरफ़

मुझसे आपकी शिकायतें एक तरफ़
और मेरे लिए आपका प्यार एक तरफ़

आपका यूं मुझसे बिछुड़ना एक तरफ़
और आप संग बिताया हर लम्हा एक तरफ़

आपसे मेरी अधूरी बातें एक तरफ़
और हमारी बातों का मौन बनना एक तरफ़

आपका मुझसे अनजान हो जाना एक तरफ़
और मुझे आपकी हर बात याद रह जाना एक तरफ़

आपकी मुझसे फिर कभी न मिलने की ख्वाहिश एक तरफ़
और मेरे ज़ेहन में हर पल आपकी मौजूदगी एक तरफ़

आपसे बातें छुपा लेने का सब्र एक तरफ़
और आपसे बात न होने की बेचैनी एक तरफ़

मुझसे मिले जो आपको वो सारे घाव एक तरफ़
और उस हर घाव से मेरा जुड़ाव एक तरफ़

आपकी वो प्यार से खाली हो चुकी आँखें एक तरफ़
और उन आँखों में मेरा खुद को ढूंढना एक तरफ़

आपका मुझे याद न करना एक तरफ़
और मुझे आपकी हर एक बात याद रह जाना एक तरफ़

इतना कुछ दरमियाँ होने के बावजूद भी
आपकी आंखों में देख आपसे प्यार झुठलाना एक तरफ़
और आपके लिए मेरे अंदर सिमटा सारा प्यार एक तरफ़

# 25. पहली मुलाकात की तरह

तुमसे फिर से मिलना है मुझे,
पहली बार की तरह
अगर मौका मिला मुझे वो दिन फिर से जीने का,
तो मैं उस दिन का इस्तेमाल करूंगी
तुम्हारी वो एक शिकायत दूर करने के लिए
जो दिल में छुपी रह गई, वो बात पूरी करने के लिए

इस बार मैं नहीं देखूंगी दुनिया की निगाहें
नहीं देखूंगी किसी की फिक्र और चाहें
बेपरवाह होकर देखूंगी तुम्हें
सीर्फ तुम्हें
तुम्हारी गाड़ी के शीशे से मुझे देखते हुए,
और समेट लूंगी तुम्हे अपनी आँखों में

उस दिन तुम चाहते थे कि मैं देखूं तुमको
सिर्फ तुमको
और मैं देखती रही छुपने के तरीके, दुनिया से
पर इस बार मैं आंखें नहीं चुराऊंगी,
तुम्हारी आंखों में आंखें डालकर जाते हुए,
अपना बेशुमार प्यार तुम्हें दिखाऊंगी

इसलिए मुझे तुमसे फिर से मिलना है,
पहली बार की तरह
हमारी पहली मुलाकात की तरह

www.ingramcontent.com/pod-product-compliance
Lightning Source LLC
La Vergne TN
LVHW050820051026
849532LV00008B/3048
* 9 7 9 8 9 0 0 8 1 5 7 0 1 *